AF296265

QUESTIONS DE DROIT

EN MATIÈRE DE

CHEMIN DE FER

PAR

ANGE GRINHARD

LA CHAPELLE-MONTLIGEON

IMPRIMERIE DE MONTLIGEON

—

1896

AVERTISSEMENT

« Bien que tout le monde parle de la question des tarifs de Chemins de fer, il n'est
qu'exact de dire qu'elle continue d'être très
imparfaitement comprise, hors de l'administra-
tion et des Compagnies concessionnaires. »

Ainsi s'exprime, avec juste raison, un juris-
consulte compétent en la matière, M. Lamé-
Fleury. Ce reproche mérité est d'autant plus
regrettable, que la création des voies ferrées re-
monte déjà à plus d'un demi-siècle. Et cependant, de quelle importance, depuis surtout la
disparition des anciens modes de transport,
n'est pas pour le commerce la connaissance des
tarifs ? Connaître les tarifs, n'est-ce pas connaître ses droits ? Connaître les tarifs, n'est-ce
pas connaître les devoirs, les obligations des
Compagnies à son endroit ?

Qui donc oserait nier l'importance capitale de
l'étude des tarifs en présence des Compagnies

tyranniques et tracassières, jouissant d'un formidable monopole, possédant d'immenses ressources, de grands privilèges, utilisant pour leur défense toute une armée d'avocats, ayant pour conseil un service de contentieux merveilleusement organisé ?

Souvent la modicité de l'intérêt engagé, les ennuis et la crainte d'un procès, les difficultés de bien préciser la question de dommage, la crainte de faire arriver du désagrément à un employé et, par-dessus tout, l'ignorance de la marche à suivre empêchent nombre de réclamations de se produire, font que nombre de contestations ne sont point portées devant les tribunaux, et le commerce en souffre, pendant que les Compagnies en bénéficient.

Renverser les embarras innombrables, détruire les ennuis de toutes sortes qu'entraînent après elles l'ignorance, l'hésitation et la crainte : tel est le but de cette brochure. Toutefois, nous avons dû, à notre grand regret, nous borner aux questions les plus pratiques, les plus sujettes à discussion.

Mettant à profit, d'une part, de nombreuses connaissances acquises, des renseignements personnels qu'un séjour de dix ans, au chemin de fer, nous a permis de recueillir, et, nous inspirant, d'autre part, des ouvrages traitant cette matière, nous avons eu à cœur de fortement documenter nos affirmations et nos conclusions. Aussi, les règles que nous donnons, les principes que nous posons, la voie que nous traçons, ont pour base unique la jurisprudence. Le lecteur pourra donc en constater et le poids et la valeur.

QUESTIONS DE DROIT

EN MATIÈRE DE

CHEMIN DE FER

CHAPITRE PREMIER

DE LA LIVRAISON DES MARCHANDISES

Article 1. — *Vérification à l'amiable.* — Préalablement, à la livraison, au payement des frais de transport et autres accessoires, le destinataire a le droit de vérifier à l'amiable, alors même que les colis seraient en parfait état extérieur, surtout s'il s'agit d'objets fragiles, tels que les produits de la céramique et de la verrerie, le contenu et les avaries, et cela sans avoir recours aux formes prescrites par l'article 106 du Code de commerce, et sans que les Compagnies puissent s'opposer d'aucune façon à cette vérification. (Cassation, 15 février 1856, 20 novembre 1860, 20 juin 1861, 14 août 1861, 30 mai 1872, 2 février 1887, etc.; Bordeaux, 8 novembre 1870 ; Aix, 4 février 1889, etc.)

Toutefois, pour cette vérification contradictoire, la Compagnie n'est pas tenue de fournir un local spécial ni un personnel particulier (Cassation,

26 juin 1872); mais elle devra faciliter cette vérification.

Une Compagnie est donc dans son tort lorsqu'elle refuse l'ouverture d'un colis, et cela, alors même que le poids en serait conforme, les bascules pouvant varier de quelques centaines de grammes, voire de quelques livres ou kilogrammes. Du reste, elle a tout intérêt à reconnaître la vérification à l'amiable, la vérification préalable ; car le destinataire, ayant trois jours francs pour se couvrir, le déballage de la marchandise sans la présence d'un agent de la Compagnie la rendra, de droit, responsable de la casse, du bris, de toute détérioration, qui auraient pu être attribués à un emballage défectueux et mis à la charge de l'expéditeur : or, en se plaçant dans l'impossibilité de faire cette preuve, elle encourt toute la responsabilité. (Cassation, 7 juin 1858, 21 novembre 1871, 15 février 1876.)

Si le droit à la vérification préalable est incontestable, il exige cependant un motif qui doit être la constatation ou d'une avarie ou d'un manquant ; car le destinataire n'est nullement fondé à exiger l'ouverture d'un colis pour s'assurer, par exemple, s'il y a conformité à la commande, si l'expédition est entière, si les effets sont de mesures et conviennent, et pour toute autre cause analogue.

ARTICLE 2. — *Expertise.* — « L'état des colis transportés est vérifié et constaté par des experts nommés par le tribunal de commerce ou le juge de paix. » Ainsi règle la constatation de l'avarie l'article 106 du Code de commerce. Cette vérification par expert, loin de détruire celle à l'amiable, la corrobore, au contraire, puisqu'elle la suppose et qu'il n'y a lieu d'y recourir qu'en cas de contestation et de désaccord. Cette expertise a généralement lieu au moment du refus et de la livraison, mais elle peut être ordonnée soit par le tribunal de commerce, soit par le juge de paix, tant que l'action contre la Compagnie est recevable. (Cassation, 20 août 1842 ; Aix, 25 mars 1854.)

Le rôle de l'expert sera de faire connaître l'état des marchandises ; de constater les avaries, leur importance ; d'évaluer le préjudice causé ; de rechercher et d'indiquer la cause de l'avarie, le moment et la personne responsable ; en un mot, de fournir tous les renseignements utiles et propres à bien définir la responsabilité.

Ces principes posés, que faire en pratique ? car on doit admettre que ce mode de constatation, avec les nombreuses formalités qu'il exige, aggrave plutôt la situation par suite de la perte de temps.

Deux solutions se présentent au destinataire en cas de non-entente avec le représentant de la Compagnie ; ou refuser purement et simplement le colis, s'en désintéresser entièrement et laisser à l'expéditeur le soin de s'arranger avec la Compagnie ; ou avoir recours au ministère d'huissier, qui dressera un procès-verbal détaillé de constatation, et alors il restera, à l'intéressé, à rédiger sa réclamation soit par lettre recommandée, soit en la consignant sur le registre de plaintes, lequel est toujours à sa disposition. En principe, soit dit en passant, il est toujours bon, si minime soit la réclamation, d'avoir recours à la formule recommandée.

Mais, si le destinataire, pressé de marchandises, n'a sous la main aucun agent ministériel autorisé et s'il ne peut arriver à entente, que doit-il faire ?

Sommer le représentant de la Compagnie de rédiger lui-même le procès-verbal de constat et, s'il refuse, se faire assister de deux témoins, demander, exiger le livre de réclamations, y consigner soi-même et en détail, en le faisant approuver des témoins : 1° l'état des colis ; 2° le montant de la réclamation ou la réparation des avaries ; 3° le refus du chef de gare d'établir le constat ; 4° sitôt à même d'avoir recours à un huissier, le faire agir sans hésitation aucune.

Il est une erreur très accréditée dans le commerce et que nous tenons à redresser ici. Le destinataire s'imagine généralement, et les Compagnies le laissent volontiers dans cette ignorance invincible, qu'une fois le livre de sortie émargé, les frais de transports acquittés et le colis remis entre ses mains, il n'a plus aucun recours contre les transporteurs, qu'il doit rigoureusement être victime de la casse, du bris, du manquant, qu'il constate au déballage. Qu'il y aurait de choses intéressantes à dire sur cette responsabilité des Compagnies ! Comme il serait curieux, intéressant, de voir comment elles y échappent la plupart du temps ! Ayant des millions à la disposition de leur contentieux, elles ont pour système, bien connu du public, d'épuiser, en cas de poursuite, toutes les juridictions, tous les délais. A qui n'a pas été faite cette réponse, candide dans son excès de franchise : « Vous voulez attaquer la Compagnie, mais attaquez-la ! elle n'attend que cela ! Pensez donc, elle a tout une armée d'avocats qu'elle paie à l'année ! Que lui importe le papier timbré ! que lui fait une assignation ! une sommation ! » Aussi, ne saurions-nous trop recommander au public de prendre minutieusement, et en tout cas, toutes ses précautions, toutes ses garanties.

Mais brisons là, notre rôle n'étant pas de critiquer mais plutôt d'instruire et d'éclairer.

En présence de tels agissements, quel est le devoir du destinataire ?

Il doit purement et simplement se retrancher derrière l'article 105 du Code de commerce, article très précieux pour le commerce, quoique très peu connu du public, et que nous tenons à mettre sous les yeux de nos lecteurs.

« La réception des objets transportés et le paye-
« ment du prix de voiture éteignent toute action
« contre le voiturier pour avarie ou perte partielle,
« si dans les trois jours, non compris les jours
« fériés, qui suivent celui de cette réception et de
« ce payement, le destinataire n'a pas notifié au
« voiturier par acte extra judiciaire ou par lettre
« recommandée sa protestation motivée. Toutes sti-
« pulations contraires sont nulles et de nul effet. »
(11 avril 1888.)

Cet article est applicable en port payé comme en

port dû (Cassation, 24 octobre 1892) ; en grande comme en petite vitesse (Cassation, 20 juillet 1868) ; en gare comme à domicile (Cassation, 10 avril 1878). Il est également valable en cas de constatation d'avarie en cours de route, signalée ou non sur la lettre de voiture et dissimulée à l'arrivée. En un mot, il ne supporte aucune exception.

Bien plus, il permet aux réclamations de se produire dans les trois jours qui suivent la réception des colis et le payement des frais de transport, et ce délai court de l'instant où il y a livraison effective, où la vérification du colis a pu être faite, et non du moment du payement et de l'émargement. (Cassation, 27 décembre 1854, 26 juin 1882, etc.)

Mais il exige comme condition indispensable qu'avis en soit donné dans ce délai soit par lettre recommandée, soit par ministère d'huissier.

Indépendamment de cet article, l'action en garantie est maintenue par une réserve portée dans la colonne émargement du livre de sortie.

Voilà la saine jurisprudence en cette matière.

CHAPITRE II

Les délais de transport varient nécessairement selon qu'il s'agit de la grande ou de la petite vitesse, quoique cependant il y ait des clauses communes à l'un et à l'autre mode de transport. Nous sommes donc tout naturellement amenés à diviser ce chapitre en trois parties ; les conditions propres, particulières à la grande et à la petite vitesse, demandent un article spécialement distinct ; le troisième paragraphe traitera la question si pleine d'intérêt, des retards.

ARTICLE Iᵉʳ. — *Grande Vitesse*. — En ce qui concerne la grande vitesse, l'article 44 de l'arrêté ministériel du 12 juin 1866 est absolu et ne comporte, dans aucun cas, quelle que soit la nature de la marchandise, quel que soit le motif de son expédition, aucune distinction, aucune restriction. Il doit être, en un mot, scrupuleusement pris à la lettre.

Il stipule qu'un délai de trois heures est exigé, au départ, avant le premier train contenant des voitures de toutes classes de voyageurs ; et, à l'arrivée, les marchandises ne peuvent être livrées que deux heures après l'heure effective du train en gare ; et,

si elles arrivent la nuit ou, conséquemment, après
6 heures du soir, deux heures seulement, le lende-.
main, après l'ouverture de la gare. (Cassation,
3 novembre 1886.)

Ainsi donc, une marchandise quelconque arrivant
en gare après $6^h 1^m$ du soir n'est livrable en réa-
lité, en droit, que le lendemain à 8 heures du matin.
En effet, la gare fermant à 8 heures du soir, la marchandise arrivée à $6^h 1^m$ n'est plus livrable deux
heures après son arrivée, et la livraison se trouve
reportée au jour suivant, deux heures après l'ouverture de la gare, soit 8 heures.

D'autre part, les trains de toute classe seuls doivent être utilisés ; les Compagnies ne sont donc pas
tenues de transporter la marchandise par des trains
de première et deuxième classe, alors même que leur
vitesse serait la même que celle des trains de toute
classe, ni même par les trains rapides, de toute
classe. (Cassation, 31 décembre 1879.)

Les Compagnies pourront donc, à l'occasion, se
prévaloir que la marchandise n'aura pas été remise
trois heures avant le départ du train ; de même, des
marchandises étant arrivées à l'heure réglementaire,
elles pourront se refuser à la remise immédiate
et attendre le délai de deux heures (Cassation,
5 avril 1876), et cela dans toute l'étendue de la loi,
dans tous les cas, sans distinction de marchandise,
que ce soit de la marée ou des denrées, peu importe
le motif de l'expédition : foire, fête, marché. Il n'y
a aucun doute possible à ce sujet, et la jurisprudence
n'a jamais varié, et on ne saurait alléguer que, les

marchandises étant en gare, on doive les livrer. *Dura lex, sed lex.* Ce droit est peut-être exorbitant, mais il est indiscutable. (Cassation, 8 avril 1867, 31 juillet 1867, 9 mai 1870, 10 mai 1876, 25 avril 1877, 24 juillet 1877, 19 novembre 1883, etc.)

La durée du transport est subordonnée d'abord à la distance, puis à la vitesse du train transporteur dont la marche est prévue par l'horaire. Il y a lieu d'ajouter, en cas d'embranchement en cours de route, un délai de transmission de trois heures, non comprises les heures de nuit, si le transbordement s'opère à la même gare. (Arrêté ministériel du 12 juin 1866, modifié par arrêté du 3 novembre 1879; Cassation, 17 janvier et 2 février 1870.) Mais, s'il y a deux gares distinctes, le délai sera double, c'est-à-dire six heures après l'arrivée du train amenant les colis. (Cassation, 29 avril 1873, 23 août 1882.)

Article 2. — *Petite Vitesse.* — En petite vitesse, les marchandises ne doivent être expédiées que dans le jour qui en suit la remise, lequel ne compte pas et reste distinct du délai alloué pour le transport sur la voie ferrée ; il en est ainsi du jour de livraison. (Cassation, 15 février 1875, 2 mai 1882, 20 novembre 1889.)

Les délais de transport se comptent par jours francs et non par heures. (Cassation, 15 février 1875, 2 mai 1882.) Ils varieront selon les distances, à raison de 125 kilomètres par jour : toute fraction de 25 kilomètres est nulle : ainsi, 150 kilomètres compteront pour un jour.

Le délai de transmission est d'un jour, alors même

que le transbordement n'est pas effectif : tel, par
exemple, un wagon complet. (Lyon, 26 mars 1884.)

Il résulte de ce qui précède qu'une Compagnie
pourra refuser la livraison, même si les marchandises sont sur le quai, avant l'expiration des délais.
(Cassation, 5 avril 1876, 10 mai 1876.)

ARTICLE 3. — *Indemni'e pour retard.* — « La quest'on
du retard ne peut s'agiter qu'à la fin du voyage, et
cela fort justement, dit Bédarride. En effet, tout ce
que peuvent exiger et le destinataire et l'expéditeur,
c'est que la durée du transport n'excède pas celle
que lui assigne la loi elle-même. Donc si, en fait, les
objets transportés sont arrivés à destination avant
l'expiration des délais légaux ou réglementaires,
tous les intérêts sont satisfaits. Qu'importe dès lors
que le chargement ou la mise des wagons vides à
disposition n'ait pas eu lieu dans les vingt-quatre heures ! Qu'importe que si, dans le cours du voyage, ces
objets aient séjourné plus ou moins longtemps dans
une gare quelconque ! Qu'importe leur nature !
Qu'importe le prétendu retard ! Quel préjudice en a
souffert le destinataire ! et, s'il n'en existe, et ne peut
en exister aucun, une allocation de dommages-inté-
rêts de la Compagnie ne serait plus qu'un effet sans
cause et surtout une regrettable injustice, puisque
le contrat est rempli. »

Mais comment se rendre compte qu'une marchandise arrive en retard ?

Trois choses sont indispensables : 1° voir, sur la
note d'expédition ou sur le récépissé, l'heure de
remise, s'il s'agit de la grande vitesse, et le jour, s'il

s'agit de la petite. Ce point est d'une importance
capitale, et on doit exiger avec un soin méticuleux
que cette heure et cette date de remise y soient
consignées, car la cour de cassation a rapporté, in-
firmé, une quantité très considérable de jugements
de tribunaux de commerce, pour l'unique raison
que l'heure ou la date de remise ne figuraient pas
sur la déclaration d'expédition. Donc, condition *sine
qua non,* condition indispensable de toute indemnité
pour retard, produire l'heure ou la date de remise.
2º Consulter l'horaire du chemin de fer, s'il s'agit de
grande vitesse ; 3º établir la distance, s'il s'agit de
la petite vitesse.

Que penser des clauses du cahier des charges,
ainsi que de l'article 10 de l'ordonnance du Préfet
de police (28 juin 1857), — lesquelles stipulent qu'en
cas de retard, tout ou une partie seulement des
frais de transport sera diminuée à titre d'indemnité ? En d'autres termes, qu'elle sera la nature de
l'indemnité ???

Il y a lieu d'établir ici une distinction très impor-
tante, et que les Compagnies, dans la pratique, se
gardent bien de faire. Si le re ard provient du
train lui-même en retard, selon l'importance du retard, tout ou partie du prix de transport indemnise-
ra du préjudice causé. Mais si le retard provient
d'une tout autre cause, si, par sa faute, la Compagnie a gardé en gare les marchandises, au lieu de
les expedier ; si elles ont pris une fausse direction
ou si elles se sont trouvées égarées, alors les dom-
mages-intérêts doivent compenser intégralement le
préjudice réellement causé.

La question n'est pas douteuse, l'usage constant, de nombreux jugements soit des tribunaux, soit de la cour de cassation, le prouvent journellement, tout préjudice certain, immédiat, doit être réparé.

Quel sera le quantum de cette indemnité ?

Il est impossible de déterminer d'une façon précise un chiffre exact. L'indemnité, en effet, dépendra de la durée du retard ; entreront en ligne de compte : une fête, une foire, un marché, manqués ; le remplacement des objets manquants, une commande refusée, la perte de clients, l'impossibilite d'écouler la marchandise, la détérioration des objets, etc. Chaque affaire ayant des circonstances spéciales de fait et des nuances propres, c'est moins dans les précédents que dans l'étude même des faits qu'il faut chercher les éléments de la solution.

Comment, enfin, pour terminer la question des retards, établira-t-on la preuve du retard ?

On peut le faire par tous les modes de preuves : toutefois, le plus souvent, ce sera par acte d'huissier, et, c'est de beaucoup, le plus sûr ; mais cet acte devra stipuler l'heure à laquelle l'huissier s'est présenté, car les juges ne pourront condamner une Compagnie pour retard dans la livraison, sans indiquer l'heure à laquelle le protêt pour défaut de livraison a été dresse, et sans déclarer qu'il a été dressé le même jour après l'heure à laquelle la Compagnie était constituée en faute par l'expiration du délai légal de livraison. (Cassation, 15 mars 1892.)

CHAPITRE III

CONDITIONNEMENT DES COLIS A L'EXPÉDITION

Les Compagnies de chemins de fer peuvent-elles exiger de l'expéditeur une garantie, une réserve, mettant à couvert leur responsabilité, sous prétexte que l'emballage leur semble défectueux ? L'employé est-il juge du bon ou mauvais conditionnement d'un colis ? L'emballage du colis doit-il être une caisse en bois et non en carton ?

Cette question, qui ouvre un si vaste champ aux contestations et aux difficultés, a bien son importance. Pour bien édifier nos lecteurs et les mettre à même, le cas échéant, ce qui se produit journellement, de remiser, comme il convient, les employés récalcitrants ou trop zélés, nous ne saurions mieux faire que de mettre sous leurs yeux l'arrêt suivant du tribunal civil de la Seine, en date du 23 janvier 1863, lequel nous semble avoir admirablement tranché la question par un jugement solidement motivé, qu'on peut résumer comme suit :

1° On ne peut admettre un système de caprice qui créerait sans cesse des difficultés aux voyageurs et aux expéditeurs ; 2° les Compagnies ne peuvent créer de lois, et doivent s'en remettre entièrement aux usages et coutumes du commerce et du voyage ;

3º leur responsabilité découle rigoureusement et nécessairement de ce que journellement elles transportent des colis dont l'emballage est en carton, qu'elles n'en refusent pas le transport, ni le subordonnent à aucune réserve ; 4º enfin, si, étant donné la fragilité de l'emballage, il y a des précautions à prendre, elles ont la faculté et possibilité de les prendre, c'est à elles qu'incombe ce soin.

En un mot, les usages commerciaux forment loi

CHAPITRE IV

CLAUSE D'IRRESPONSABILITÉ DANS LES TARIFS SPÉCIAUX

Doit-on prendre à la lettre la clause d'irresponsabilité (la Compagnie n'est pas responsable des avaries de route) figurant dans la plupart des tarifs spéciaux de chemins de fer comme condition *sine qua non* d'application ; clause que les Compagnies opposent à toutes les réclamations des destinataires pour bris, casse, détérioration quelconque, et derrière laquelle elles se retranchent sans cesse pour refuser toute indemnité ?...

En dépit de l'article 98 du Code de commerce, « le commissionnaire est garant des avaries ou perte des marchandises et effets, s'il n'y a spéculation contraire dans la lettre de voiture ou force majeure » ; en dépit des affirmations intéressées des Compagnies, en dépit de l'homologation ministérielle des tarifs, qui leur donne force de loi, en dépit même de la décharge donnée par l'expéditeur, nous répondrons, non. En effet, pour établir, d'une façon indubitable, notre affirmation, nous nous appuierons sur le droit commun, sur de nombreux jugements de tribunaux, sur de multiples arrêts de la cour de cassation, desquels il appert sans aucun doute que la clause de non-garantie ne couvre nullement les Compagnies des négligences qui pourraient être commises par leurs préposés, dans le transport des marchandises, et cela malgré la stipulation formelle, par un tarif spécial, d'irresponsabilité.

1° Droit commun. — « Les voituriers par terre et eau sont responsables de la perte et des avaries des choses qui leur sont confiées, à moins qu'ils ne prouvent qu'elles ont été perdues ou avariées par cas de force majeure ou par cas fortuit. »

Tel est le principe de la responsabilité posé par les articles 1782 à 1786, 1927 à 1929, du Code civil ; 97 à 108 du Code de commerce.

Elle découle encore de l'article 22 de la loi du 15 juillet 1845, ainsi que du même article de la loi du 15 novembre 1846, et s'étend à tout préjudice, tout dommage réel causé à un tiers par suite d'une faute imputable soit aux Compagnies, soit à un de leurs agents.

2° Jugements de tribunaux. — Cette réparation du dommage causé, suite directe de l'inobservation du contrat, est également consacrée par de nombreuses décisions judiciaires.

Les Compagnies de chemins·de fer ne sauraient arguer pour leur défense que, faute de compartiments suffisants, elles n'ont pu prévenir entre deux colis un contact dangereux pour l'un d'eux, et les tribunaux ont tout pouvoir soit pour allouer une indemnité au destinataire, soit pour ordonner que les voituriers gardent la marchandise avariée pour compte et en payent le prix intégral. (Lyon, 28 février 1860.)

Les obligations des voituriers sont réglées, en cas d'avaries, par les articles 1784 du Code Napoléon et 103 du Code de commerce. Si, en droit commun, la garantie qui leur est imposée peut être étendue ou restreinte, il ne saurait jamais être stipulé qu'ils ne seront pas responsables de leurs fautes ou de celles de leurs préposés. En effet, une telle stipulation ouvrirait la porte à la fraude et aux plus graves abus, encouragerait la négligence des employés et rendrait inutile la protection que la loi a eue pour but d'accorder aux expéditeurs. En fait, la matière étant commerciale, les juges édifiés par les documents de la cause, ont pu, sans violer aucune loi, déclarer les Compagnies responsables des dommages occasionnés par leurs agents. (Ci.-C., 26 mars 1860.)

Il s'agissait, dans l'espèce, d'un bris de pièces en fonte transportées sans garantie, et la réduction du prix de transport était subordonnée à cette non-garantie.

Les Compagnies de chemins de fer, à l'égard du public, sont placées sous l'empire du droit commun, pour les règles de responsabilité prévue par les articles 1382-1384 du Code Napoléon, et il y a lieu de leur en faire l'application toutes les fois que des dommages ont été causés par leur imprudence ou négligence. (Grenoble, 19 janvier 1863.)

Le tribunal de commerce de Cette n'a point contesté l'applicabilité de la clause de non-responsabilité, mais il a justement décidé, par interprétation et application du contrat de transport intervenu entre les parties, sous l'autorité du tarif spécial, ce qu'il fallait entendre par avaries de route. En se livrant à cette appréciation, le tribunal a décidé que « la Compagnie ne pouvait s'exonérer que des avaries provenant du vice propre de la chose, mais non de celles provenant des fautes de ses agents ; que, pour les avaries autres que celles provenant du vice propre de la chose, elle devait être responsable, à moins qu'elle ne prouvât un cas de force majeure ». (Tribunal de commerce de Cette, 22 octobre 1863.)

Aujourd'hui les Compagnies de chemins de fer sont à peu près le seul mode de transport dont le public puisse disposer. Les Compagnies qui administrent ces entreprises imposent à leurs clients des conditions de transport auxquelles ceux-ci sont presque dans l'impossibilité de se refuser. Les décharges de garantie pour avaries que peut éprouver la marchandise pendant la route ne sont données par les expéditeurs, que comme contraints et forcés, pour mettre un terme aux contestations qui leur sont faites, afin de gagner du temps, et dans l'espoir aussi qu'il n'arrivera rien de fâcheux à leur marchandise. Mais, assurément, on ne saurait voir là un consentement donné en pleine et entière liberté. Au surplus, par son article n° 98 du Code de commerce, il est certain que le législateur n'a pas voulu donner au voiturier un droit allant jusqu'à pouvoir ruiner l'expéditeur, en lui permettant, et sans aucune responsabilité, de détruire la marchandise confiée à ses soins. Cette décharge de garantie peut s'expliquer pour les petits accidents sans gravité qui peuvent arriver à la marchandise, ou pour celle essentiellement fragile, ou qui, par sa nature, peut se détériorer ou se détruire elle-même pendant le voyage. Mais quand, comme dans le cas actuel (neuf tuyaux en fonte cannelés sur vingt-trois complètement cassés), la marchandise est resistante et que le moindre soin suffit pour la garantir de tout accident, prétendre n'avoir aucune responsabilité à encourir et qu'il soit fait droit à un tel système, ce serait une mesure destructive de toute sécurité pour le commerce et une grande injustice. (Tribunal de commerce de Rouen, 2 novembre 1863.) Telle est encore la manière de voir des tribunaux suivants : Commerce de Paris, 27 août 1847 ; Commerce Seine, 4 octobre 1859 ; Nancy, 5 janvier 1860 ; Lyon, 28 février 1860 ; Poitiers, 12 février 1861 ; Limoges, 2 mai 1862 ; etc...

Et cependant, dans ces divers cas, la réduction du prix de transport était uniquement consentie par suite de la réduction de responsabilité.

3° Arrêts de la Cour de Cassation. — Malgré le bulletin de garantie qu'elle se fait remettre en prévision d'avaries, la Compagnie ne reste pas moins responsable de ces avaries, lorsqu'il a été statué par les juges du fait qu'il y a eu imprudence ou négligence de la part des agents, dans le transport. (Cassation 26 janvier 1859.)

La cour de cassation est même allée plus loin en faisant retomber sous l'empire du droit commun et

de la présomption de faute du voiturier toutes le
avaries autres que celles provenant du vice propre de
la chose. (Cassation, 24 avril 1865.)

En fait, quatre bonbonnes d'huile de schiste avaient
été remises en bon état à une Compagnie de chemins
de fer et elles avaient été déposées en gare dans de
bonnes conditions de transport. Néanmoins, à l'arrivée, l'une de ces bonbonnes s'est trouvée brisée et
entièrement vide. Cet accident n'a pu avoir lieu que
dans le parcours du chemin de fer, et il s'agissait de
savoir si la Compagnie devait être rendue responsable de cet accident.

Les dispositions des articles 1784 du Code Napo-
poléon et 103 du Code de commerce sont certaine-
ment applicables aux chemins de fer, qui ont le
monopole du transport des marchandises, par les
voies dont l'exploitation leur est confiée et à des
conditions fixées par les règlements de l'autorité
publique, qui font loi entre les Compagnies et les
expéditeurs.

Dans la cause, la compagnie ne pouvait s'exonérer de sa responsabilité en prétendant que, dans le
tarif spécial où, parmi les marchandises énumérées
de la quatrième série, figure l'huile de schiste en bonbonne, et qu'il est énoncé que, pour cette série, la
Compagnie ne répond pas des avaries de route.

Une telle convention ne peut être entendue en ce
sens, que la Compagnie ne serait responsable ni de
ses fautes ni de celles de ses agents, ce qui serait
illicite et encouragerait les abus et négligences des-
dits agents. L'expéditeur n'ayant aucun moyen

possible de surveillance sur les marchandises transportées, ni en gare, ni en cours de voyage, c'est à la Compagnie à prouver que la perte ou l'avarie ne peuvent être le résulat de sa faute ni de celle de ses agents, ou qu'aux termes de la clause ci-dessus, sainement entendue, elles proviennent du vice propre de la chose. Cette preuve n'ayant pas été faite, l'arrêt attaqué a été bien fondé à condamner la Compagnie à réparer le dommage qui ne pouvait, dans l'état des faits, résulter que de son fait et de sa cause. (Cassat on, 29 mai 1866.)

En règle générale, vis-à-vis du public qui leur confie des marchandises, les chemins de fer sont en faute, du moment qu'ils n'assurent pas, par tous les moyens en leur pouvoir, la conservation des objets confiés. (Cassation, 16 mai 1876.)

Ainsi donc, pour résumer toute la jurisprudence de la cour de cassation en cette matière, toute négligence ou défaut de précautions, toute manutention brusque ou maladroite, tout mauvais arrimage, tout chargement ou déchargement défectueux, tout contact dangereux de marchandises, tout choc provenant d'une fausse manœuvre, tout vice d'installation ou de matériel, anéantiront la clause d'irresponsabilité, et engageront entièrement la responsabilité des Compagnies. (Cassation, 24 décembre 1864, 30 mars 1868, 16 février 1870, 21 novembre 1871, 29 janvier et 13 août 1872, 13 novembre 1873, 4 février, 31 mars, 22 avril 1874, 28 décembre 1875, 16 mai 1876, 7 août 1878, 27 décembre 1881, 24 mai 1882, 5 février 1883, 9 janvier 1884, etc.

« En un mot, ou l'avarie est la conséquence unique et nécessaire du mode de transport, et l'expéditeur en a seul assumé la responsabilité ; dans ce cas, la clause de non-garantie est valable ; ou l'avarie, quel que fût le mode de transport, aurait pu être prévenue par quelques soins donnés indiqués par les circonstances, et la Compagnie qui a omis de prendre ou d'ordonner ces soins a commis une faute dont elle répond, et la clause d'irresponsabilité est nulle et non avenue. » (BÉDARRIDE, *Traité des chemins de fer.*)

Toutefois, la jurisprudence est unanime à déclarer qu'un cas de force majeure, que le vice propre de la chose transportée, enlèvent toute la responsabilité des Compagnies.

FORCE MAJEURE. — En présence d'un cas de force majeure, toute responsabilité disparaît. (Code de commerce, articles 97, 98 ; Code civil, article 1784 ; Cassation, 15 juin 1876, 17 mars 1882, 3 janvier 1883, 29 avril 1888, etc.; unanimité des tribunaux et jurisconsultes.)

Sont considérés comme cas de force majeure : invasion, pillage par l'ennemi, mobilisation (loi du 24 juillet 1873), une réquisition militaire (arrêté ministériel du 15 janvier 1870), ordre administratif d'enlèvement de marchandises, crise atmosphérique, telles que gelée intense, neige abondante, pluie torrentielle et imprévue, inondation, incendie, encombrement d'une gare, éboulement de la voie.

Nous ne pouvons, à notre grand regret, nous

étendre sur chacun de ces cas ; bornons-nous donc à la remarque essentielle suivante, commune à chacun. En droit, la force majeure ne peut servir d'excuse qu'autant que celui qui l'invoque n'a pu s'y soustraire ; d'où il suit que, si le cas a été prévu, s'il a été possible d'en éviter les conséquences, il disparaît, et la responsabilité renaît pleine et entière ; en d'autres termes, la force majeure n'existe, en fait, et ne peut être invoquée utilement qu'autant que les mesures nécessaires auront été prises pour garantir les objets ; la preuve est donc rigoureusement à la charge de celui qui l'invoque. (Cassation, 6 janvier 1869.)

Ce point, dans tous les cas précités, est d'une importance capitale, et on ne saurait trop s'en bien pénétrer, puisque de son observation dépend la valeur du cas de force majeure.

VICE PROPRE DE LA CHOSE. — La responsabilité cesse quand l'avarie provient, sans contestation et sans aucun doute, du vice propre de la chose. (Cassation, 25 août 1872, 20 février 1878, 5 février 1879, 9 juillet 1879, 23 mars 1880, 18 août 1880, 30 novembre 1881, 17 mai 1882, 14 août 1883, 16 juillet 1890, 9 décembre 1891.)

Constitueront vice propre de la chose : un défau de caisse d'où un chien, par exemple, s'échapperait et resterait introuvable (Cassation, 11 décembre 1876, 16 juillet 1890) ; un vice inhérent à un animal transporté et qui causerait sa mort en trajet, à charge de le prouver (Cassation, 14 août 1883, 22 avril 1885,

25 octobre 1887, 29 avril et 25 juillet 1888) ; **un bou-chage défectueux** soit de bouteilles et de bonbonnes, soit de fûts (Cassation , 23 mai 1880) ; un mauvais conditionnement de fûts (Cassation, 22 juillet 1889) ; une douve de mauvaise qualité (Cassation, 5 février 1879) ; un fût en bois poreux, impropre à conserver une liqueur, ou des douves dont les joints seraient mal garnis (Cassation, 9 décembre 1891) ; le manque de serre ou de pression des cercles, provenant de la sécheresse (Cassation, 4 février 1885, 22 avril 1885) ; la fermentation de vins en fûts (Cassation, 18 août 1880) ; l'explosion de bonbonne d'eau de cerises provenant de la distillation de l'alcool ou du trop-plein de la bonbonne (Cassation, 29 avril 1888).

Ce vice propre peut encore résulter de la livraison d'un colis à un tiers, faux destinataire, par suite de l'inexactitude de l'adresse (Bordeaux, 8 novembre 1876). Mais, s'il s'agissait soit d'une adresse illisible, les employés seraient tenus, pour mettre complètement la Compagnie à couvert, d'en référer d'abord à la note de remise, puis à l'expéditeur, et, s'il y avait négligence de leur part, la Compagnie deviendrait responsable pour retard ou altération du colis. (Civil, 22 décembre 1881.)

La Chapelle-Montligeon. — Imp. de Montligeon.